DE

L'UTILITÉ POUR LA FRANCE

DE POSSÉDER

AU LITTORAL DE LA MER DES ANTILLES

UN TERRITOIRE

ET DES FORCES PERMANENTES DE TERRE ET DE MER

EN ÉTAT

DE PROTEGER LE COMMERCE FRANÇAIS

DANS LES DEUX AMÉRIQUES.

PARIS,

E. DENTU, LIBRAIRE - ÉDITEUR, PALAIS-ROYAL, 13 et 17
(Galerie-d'Orléans).

JANVIER 1865.

DE

L'UTILITÉ POUR LA FRANCE

DE POSSÉDER

AU LITTORAL DE LA MER DES ANTILLES

UN TERRITOIRE

ET DES FORCES PERMANENTES DE TERRE ET DE MER

EN ÉTAT

DE PROTÉGER LE COMMERCE FRANÇAIS

DANS LES DEUX AMÉRIQUES.

PARIS,

E. DENTU, LIBRAIRE - ÉDITEUR, Palais-Royal, 13 et 17
(Galerie-d'Orléans).

—

JANVIER 1865.

DE
L'UTILITÉ POUR LA FRANCE

DE POSSÉDER AU LITTORAL DE LA MER DES ANTILLES

UN TERRITOIRE

ET DES FORCES PERMANENTES DE TERRE ET DE MER.

§ 1. *Rappel de faits bien connus.*

Les Etats, au point de vue de leur puissance, les peuples, au point de vue de leur bien-être, sont poussés :

Les premiers, à fonder, à fortifier et affermir leur autorité ;

Les seconds, à faire effort pour accroître la somme des jouissances qui rendent la vie heureuse.

§ 2. *Vérités que tout le monde sait.*

Le sol de chaque Etat produit des choses naturelles qui lui sont plus ou moins spéciales, mais, dans plusieurs cas, qui lui sont particulières.

Il en est de même des productions industrielles de chaque Etat.

Les produits de la terre, les productions de l'intelligence dans les diverses branches de l'industrie sont insuffisants, plus que jamais, les unes et les autres, aux besoins croissants des populations de chacun des Etats séparément qui se partagent la surface du globe.

§ 3. *Difficultés inévitables aux Etats.*

Les Etats rencontrent des rivalités envieuses qui voudraient amoindrir leur puissance ;

Les peuples, des antagonismes, des concurrences dans l'industrie et le commerce qui tendent à en diminuer les avantages.

L'Etat et le peuple doivent toujours être mus vers le même but, leur prospérité commune ; car, en réalité, le peuple et l'Etat bien ordonnés ne sont qu'une seule et même chose.

§ 4. *Causes de la prospérité des Etats.*

L'industrie et le commerce sont la base solide, comme chacun sait, de la prospérité publique.

L'industrie qui n'est point protégée, le commerce qui manque d'appui, tombent plus ou moins vite l'un et l'autre en décadence ; et ceux qui s'y livrent, en découragement.

§ 5. *Soins que doivent prendre les Etats.*

Un Etat, éclairé et soucieux de sa prospérité, protége non-seulement, mais vient en aide à l'industrie.

Il protége le commerce, l'encourage à multiplier ses opérations, et, pour les accroître, il crée de nouveaux débouchés ; il obtient à cet effet des points favorables dans les contrées les plus lointaines, où de nouveanx intérêts portent les opérations commerciales.

Appuyer et aider l'industrie sur le sol de la patrie ;

Ouvrir de nouvelles voies au négoce et le soutenir sur le sol étranger ;

Encourager l'un et l'autre, les favoriser, les appuyer, ce sont assurément des actes donnant à l'Etat, dirigé par une main habile et prévoyante, l'assurance d'obtenir, par les conséquences de cet efficace concours, le bien-être des peuples et la prospérité publique.

§ 6. *Nécessité que les Etats ont de conserver la concorde entre eux.*

Les Etats, politiquement ;

Les peuples, industriellement et commercialement ;

Ont tous, Etats et peuples du monde, une sérieuse utilité d'établir et de conserver entre eux des relations de bonne entente politique, de bons et loyaux rapports et une effective et mutuelle bienveillance pour le pavillon qui couvre les actes honorables du commerce de chacun d'eux.

§ 7. *Causes forcées des relations réciproques de l'ancien
et du nouveau monde.*

L'ancien continent et le nouveau, dès la découverte et la conquête de ce dernier par les Espagnols, ont opéré des échanges de leurs productions respectives territoriales et un peu de l'industrie restreinte du nouveau monde, mais beaucoup de celle plus avancée de l'ancien.

Par les lois constantes de l'accroissement des besoins mutuels qu'ont ces deux continents de faire des échanges de leurs productions particulières, il en résulte que les transactions commerciales entre eux tendent à se multiplier de plus en plus.

Les productions du sol du nouveau monde sont devenues par l'habitude une nécessité absolue dont l'usage est général dans l'ancien continent.

Les productions de l'ancien monde sont également pour les habitants du nouveau une jouissance dont ils ne peuvent plus être privés.

Dans ces conditions réciproques que nous remémorons, les deux continents ont l'un et l'autre des raisons de premier ordre pour entretenir entre eux des relations suivies d'affaires.

Les relations de ce genre ne peuvent, ainsi que nous venons de le dire, devenir dans la suite que plus actives et plus nombreuses,

Attendu que l'usage des choses en question se multiplie par le nombre incessamment croissant des consommateurs ;

Attendu que la civilisation avancée de l'ancien monde en répand de plus en plus l'habitude et accroît en même temps la consommation relative dans toutes les classes ;

Enfin, par le progrès qui s'opère lentement, il est vrai, dans le nouveau monde, mais qui avance néanmoins dans la voie des jouissances que donne l'usage de ces choses.

§ 8. *Le moyen pour un Etat de conserver et de maintenir la liberté de son commerce dans le nouveau monde.*

Les énoncés des faits qui précèdent renferment des vérités d'une valeur constante, et on peut en résumer les déductions ainsi.

L'Etat qui voudra établir une protection qui soit efficace à son commerce, si nous parlons du nouveau monde, doit y créer des forces suffisantes et permanentes pour s'opposer aux actes d'oppression ou d'injustes compressions auxquels pourrait l'exposer de tyranniques rivalités.

Nous n'accusons aucune nation d'avoir de pareils et si coupables projets; mais la prudence commande aux esprits les plus confiants, à ceux essentiellement généreux, de se prémunir contre les entreprises arbitraires.

On peut admettre, comme possible, qu'un mauvais vouloir quelconque, ne résultant pas d'idées préméditées, pourrait naître cependant de malentendus, d'interprétations faussement faites, conduirait à accomplir des faits nuisibles.

Il faut donc être toujours à même de rassurer le commerce par la répression immédiate des violences qu'il éprouverait, des préjudices injustes contraires au droit des gens qui lui seraient causés.

§ 9. *Grandeur actuelle de la France et ce qu'elle doit faire pour la maintenir.*

La France, sous le régime actuel impérial, est une nation grande et glorieuse autant que jamais!

Indépendamment de sa prospérité à l'intérieur, elle a, par les actes de son gouvernement toujours attentif à être juste chez soi et scrupuleusement occupé de porter un esprit d'équité au dehors; la France a su acquérir sa propre estime chez elle et, à l'étranger, une si haute considération que sa parole est écoutée et respectée dans les conseils des potentats de l'Europe, et, on peut le dire avec vérité, dans ceux de la terre entière.

Prendre des mesures qui ne portent préjudice à aucun Etat du monde, et que la sécurité à venir du commerce de la France lui indique et lui commande, c'est simplement l'application d'une règle de prudente prévoyance, contre laquelle aucune nation n'a le droit ni aucune raison fondée d'élever le moindre obstacle.

§ 10. *Etat prospère de la marine de guerre et marchande en France.*

La marine française militaire et celle du commerce sont arrivées, par la puissance de la première et le nombre de la seconde, à une condition qui honore le gouvernement et nos armateurs.

Nos vaisseaux de guerre sont armés d'une manière formidable ; les officiers qui les commandent, aussi instruits que braves, donnent l'exemple aux marins du bord du mépris pour les dangers.

Nos vaisseaux marchands accomplissent avec sécurité, sous la sauvegarde de nos vaisseaux de guerre, leurs voyages aux longs cours, ayant des officiers capables, des équipages expérimentés : ils font les opérations d'un trafic intelligent et fructueux tranquillement dans toutes les régions du globe.

La Chine, le Japon, la Cochinchine, la Nouvelle-Calédonie, Madagascar, le Mexique, etc.,

Sont autant de jalons nouvellement posés, ou au moins affermis à l'avantage de notre commerce, qui saura profiter de ces débouchés pour écouler avec fruit les produits, plus nombreux chaque jour, de notre industrie.

Quel est le Français se sentant quelque peu au cœur l'amour de la patrie, qui n'applaudira pas aux sacrifices financiers inévitables,

Et au noble dévouement de nos vaillants marins, de nos intrépides soldats, qui portent leur courage et exposent généreusement leur vie aux dangers, ne fussent que ceux du climat des contrées lointaines, pour créer à la France, dans l'avenir, un état plus brillant encore que celui dont elle jouit déjà ?

Est-ce que les bienfaits ultérieurs de ces expéditions ne se répandront pas, par le commerce, en richesses, pour accroître le bien-être de la masse et de toutes les classes de la nation française ?

La France, poussée en avant par une pensée lumineusement patriotique, ne sera pas exposée à rester stationnaire ;

Et ainsi, par l'inaction, à perdre ce qu'elle a acquis de prospérité et de puissance par de longs et grands efforts.

Elle doit suivre ses heureuses impulsions, car l'Etat qui ne marche pas recule relativement à ceux qui avancent.

Dirigée résolument, prudemment, la France se portera vers de nouvelles conquêtes pacifiques, qui sont les plus solides, les plus utiles ;

Elle les obtiendra pour assurer l'existence de plus en plus aisée de tout un peuple, et saura faire ces acquisitions permises, et les posséder comme une part qui lui est légitimement due dans la répartition des biens du monde.

§ 11. *L'esprit public en France veut le progrès.*

La nation française n'est pas de celles qui puissent vivre inertes ;

Elle ne se renfermera jamais dans le cercle étroit des vieilles routines.

Elle sent profondément le malheur humiliant des nations qu'on tient encore dans l'abaissement d'une grossière et orgueilleuse ignorance ; qu'on y maintient par la seule raison, surannée et hypocrite, qu'il y a pour elles sécurité à rester stationnaires.

La France, au contraire, est à la tête des nations civilisées qui veulent affermir leurs acquisitions, et en faire de nouvelles qui soient utiles.

Sa vie passée et sa marche actuelle dans la voie du progrès, qui fait autorité, ont servi et servent encore d'exemple aux peuples jaloux d'améliorer leur sort et de prendre une place honorable sur le degré où siége l'intelligence.

Et c'est au chef qui gouverne la France que l'acte le plus généreux, le plus utile aux peuples, car, pour ceux qui réclament une sage liberté, ils la trouveront dans le principe du vote unisersel, qui fera le tour du monde, et qu'a proclamé un Napoléon.

Le passé glorieux de la France, son état présent, qui ne l'est pas moins, et son avenir, qui n'a pas de limites dans les voies du progrès que sanctionnent la justice et la morale, sont les bases équitables et solides sur lesquelles repose son gouvernement, et qui justifient les hautes espérances qu'elle conçoit.

La France avancera d'un pas ferme pour accomplir les grandes et nobles destinées que lui promet le présent, que lui réserve le temps futur.

§ 12. *La France, comme toutes les nations, a des devoirs publics à remplir à l'égard des autres États.*

La France a ses devoirs politiques envers les autres Etats,

Ses devoirs de protection envers son industrie et son commerce.

Elle les remplit scrupuleusement.

Ils lui sont l'un et l'autre imposés dans l'intérêt de la prospérité nationale.

Si la France fait tout ce qu'elle peut, elle ne fait pas tout ce qu'elle voudrait pouvoir faire.

Ce n'est pas sa faute si le progrès n'a pas été porté plus loin et n'a pas marché plus vite.

Le temps, qui déroule successivement les besoins des peuples, s'écoulant toujours rapidement, ne permet point aux lumières de le suivre du même pas.

Les lumières ne peuvent pénétrer dans les esprits, et ne réduisent que lentement les résistances ;

Car celles-ci se cramponnent avec passion aux débris de l'ineptie que la puissance de la raison n'accumule qu'avec effort, bien qu'incessamment.

Beaucoup d'idées pleines d'erreurs font, quoique affaiblies, *permanemment* obstacle.

Cette résistance funestement constante explique pourquoi l'accroissement et l'application pratique des connaissances utiles ne peuvent s'opérer que tardivement et par extension successive.

Est-ce un bien, est-ce un mal? dirait un sceptique.

Si cette question pouvait être sérieusement posée, il serait permis, à un esprit timoré, de citer pour exemple et de dire :

Que la lumière qui arrive trop subitement éblouit et ôte aux yeux la faculté de voir;

Qu'ils ne reviennent à leur état normal et ne distinguent nettement qu'autant que l'éclat qui avait plutôt étourdi qu'éclairé leur perception est devenu pour les yeux familier.

N'en est-il pas, ajouterait-il, à peu près ainsi des perceptions de la raison?

L'esprit lui-même ne saisit souvent le sens et la valeur des choses qu'avec la réflexion et le temps; cela est vrai !

Mais qu'elle soit subite ou lentement progressive, la lumière finit toujours par répandre ses rayons pour éclairer avantageusement les classes de la société où étaient masquées par le voile d'une ténébreuse ignorance les vérités éternelles où sont renfermés les véritables intérêts des nations et des peuples.

§ 13. *Un progrès considérable dans l'esprit public s'est opéré et agit fortement sur toutes les classes.*

Si on observe l'état actuel de la société, on reconnaît avec joie que les clartés se sont assez répandues dans les esprits pour que grand nombre de vérités profitables, qui jadis étaient obscurcies et méconnues, soient à notre époque aperçues, senties et comprises suffisamment.

Elles sont même devenues en France sympathiques à l'esprit public et reçoivent chaque jour dans leur émission le concours approbateur du vœu général.

Ainsi, les obscurités et mauvaises influences qui voudraient, par leurs efforts persistants, voir les utiles vérités échouer dans leur adoption n'ont plus qu'une valeur de courte durée, qu'un effet amoindri et à peu près vain pour en ternir et diminuer le mérite aux yeux de notre époque.

Le peuple sait fort bien que le gouvernement actuel, dès son origine, n'a pas cessé, jusqu'à présent, d'améliorer l'état des classes laborieuses, qui aident tant à donner par le travail la vie à tous les genres de richesses.

Et il n'ignore pas que la haute administration fait continuellement usage des moyens qui peuvent encore accroître successivement la somme des améliorations utiles aux classes diverses des travailleurs de notre société.

La multitude, qui ne forme son opinion que d'après les faits accomplis, est aujourd'hui assez clairvoyante pour apercevoir et reconnaître la source d'où est sortie l'impulsion donnée aux moyens d'assurer l'existence aisée dont elle jouit, même à notre époque où il y a tant de vagues et nuisibles inquiétudes préoccupant fatalement l'Europe.

Et elle ressent un noble orgueil en regardant la place grande et glorieuse qu'occupe aujourd'hui la France parmi les nations sous le régime impérial.

Cette condition de l'esprit public, où s'est répandue la lumière, fait que les populations de la France, même dans leur entraînement exagéré, n'ont besoin que d'être dirigées paternellement pour suivre le chemin qui conduit à la jouissance paisible d'une sage et prudente liberté.

Une nation animée de cet esprit qui l'unit par sa propre valeur et la reconnaissance, qui en est la suite, à l'Etat, douée d'ailleurs de la haute intelligence que ses rivales reconnaissent exister dans la population française, ne peut-elle pas accomplir les plus nobles et les plus glorieuses choses pour son propre bonheur, et efficacement, par l'influence de la grande puissance de son *unité*, concourir tout à la fois, dans les conditions possibles, au sort plus heureux de l'humanité en général?

Confiante, comme elle l'est, dans la main habile et dévouée qui dirige si heureusement, si patriotiquement ses destinées, la France ne peut-elle pas, en suivant la route du bon droit, en respectant les choses bonnes, acquises, et, sans s'écarter des principes d'équité envers les autres nations, effectuer ce qui doit fortifier, affermir son pouvoir, étendre et grandir sa prospérité, en même temps que les autres nations y trouveront la leur?

§ 14. *Malheureuse condition où se trouvent actuellement les Amériques.*

Les deux Amériques, celle du Nord déchirée actuellement par une affreuse guerre civile, qui, après des torrents de sang répandu, aura sa fin, présentent par leur étendue, par leur population, une vaste scène où la France a les plus grands intérêts à porter et multlplier de plus en plus ses opérations de commerce et à les y faire respecter.

Les populations de l'Amérique méridionale, aussi bien que celles de l'Amérique centrale, agitées sans cesse par des révolutions qui abattent le pouvoir constitué la veille pour en créer le lendemain un autre qui n'a guère plus de durée, sont dans un état permanent convulsif.

L'Amérique méridionale et l'Amérique centrale, sous l'influence de ces ébranlements successifs, continus, n'ont pas pu se livrer aux diverses branches d'industries dont leurs richesses fournissent, dans beaucoup de cas, spontanément et toujours, par la culture, en abondance, les matières premières qu'emploie la fabrication.

Ces pays si beaux, si généreusement dotés par la nature des productions les plus précieuses, sont cependant restés stationnaires, sans pouvoir faire un pas ou à peu près, qui leur permît de créer des industries de quelque valeur.

Ils n'out pu saisir que quelques parties disjointes *d'un tout*, sans lequel la civilisation n'est que fort imparfaite et ne produit rien.

Dans ces splendides contrées, on y trouve çà et là des idées justes, des hommes d'un esprit distingué, cultivé, ayant même des connaissances étendues ; mais que peuvent-ils ?

Il n'y a pas d'ensemble, il n'y a pas d'accord, et, quand l'unité manque, que peut faire un peuple sinon autre chose que d'enfanter des tempêtes et produire des catastrophes ?

§ 15. *Influence de la morale chrétienne et du commerce sur les populations américaines.*

La morale chrétienne a joué un grand *rôle* comme moyen *civilisateur* des peuples dans ces contrées.

Le commerce a lui-même exercé une influence très-utile souvent sur une grande échelle dans le même sens.

En Amérique (méridionale et centrale), la religion chrétienne a de profondes racines ; mais son action a plutôt agi au point de vue des idées pieuses que dans une direction propre à fortifier l'esprit et à l'éclairer dans la pratique des choses matérielles profitables aux sociétés ;

Et le commerce n'a pu exercer son action salutaire qu'autant que l'influence religieuse ne s'est pas opposée à la diffusion des lumières, que de fréquentes occasions lui permettaient de répandre.

Ces deux causes : l'une opérant dans un sens inefficace à l'esprit industriel, l'autre, en subordination de la première, ne pouvant agir librement ; ces deux causes réunies n'ont, on le comprend, produit que des résultats fort incomplets.

Il en résulte que tout, ou à peu près, est resté et reste encore à faire, à réaliser au point de vue de l'industrie proprement dite, dans ces beaux pays.

C'est un champ, pour ainsi dire, sans limites et un sol dont la fertilité mise en culture et les productions naturelles utilisées, peuvent incontestablement donner des résultats dépassant les plus belles espérances.

Mais il faut l'action et l'expérience des vieilles sociétés de l'ancien continent pour faire sortir, de cette terre si largement favorisée, les immenses richesses qu'elle renferme dans son sein.

§ 16. *Avantage qu'il y aurait à aider l'établissement de gouvernements stables dans l'Amérique du sud et l'Amérique centrale.*

Assurément, il y aurait de la magnanimité, une gloire présente qui les couvrirait du plus bel éclat, si les grandes puissances de l'ancien monde s'entendaient pour agir de concert afin de faire respecter tout gouvernement qui se formerait dans l'Amérique méridionale et dans l'Amérique centrale, sur les bases solides du vœu général.

Si les nations doivent rester maîtresses chez elles, cela ne signifie cependant pas qu'elles aient le droit de troubler le monde par leurs agitations incessantes, dont les effets rejaillissent tristement sur les nations mieux avisées qui savent maintenir les populations dans l'ordre, la tranquillité, et obtenir la stabilité de leur gouvernement.

Ce n'est cependant que par le calme intérieur que les pays soumis à des lois sages peuvent obtenir et affermir la prospérité publique ;

Ce n'est qu'ainsi qu'il leur est permis, chacun pour sa part, comme il en a le devoir, de concourir à l'accroissement de la richesse des nations et cimenter de la sorte une espèce de solidarité propre à assurer la paix du monde, le présent et l'avenir heureux des peuples.

Le vieux continent et le nouveau ont réciproquement besoin l'un de l'autre ;

Et ce besoin est si pressant que, l'un faisant défaut à l'autre, il en résulte une perturbation qui atteint matériellement toutes les classes et jette le trouble dans les esprits.

C'est une calamité universelle, contre laquelle la politique et l'intérêt général du monde entier, et particulièrement de l'Europe, sont d'accord pour recommander d'agir afin d'en arrêter les funestes effets.

Nous ne nous permettrons pas d'indiquer les moyens :

Cette grande question, qui intéresse aussi bien les gouvernements que les peuples, retombe naturellement dans les attributions des hommes d'Etat.

Les hautes positions, les grandes lumières qu'ils possèdent, donnent du poids à leurs idées ; eux seuls ont l'autorité morale et incontestablement les connaissances pour entreprendre la tâche de résoudre cet important problème.

D'autres temps en ont déjà présenté d'une nature analogue dont les difficultés, qui paraissaient au premier abord être inextricables, ont cependant été vaincues ; ce doit être un encouragement pour aborder avec confiance la question dont il s'agit et en poursuivre résolument la solution, puisque des précédents, qui viennent étayer la raison du droit, semblent rendre possible cette essentielle solution.

§ 17. *Traditions nuisibles à la cordiale entente des nations.*

Les gouvernements et les peuples se forment une idée qui sert de base à l'opinion réciproque qu'ils ont les uns des autres.

C'est une sorte d'appréciation plus ou moins motivée résultant ou de faits appartenant au passé, ou qui s'accomplissent maintenant ; mais ce jugement, fondé ou non, existe comme chose acquise dans les chancelleries, et n'est pas sans influence sur les démarches diplomatiques. On la retrouve aussi presque toujours dans l'esprit public, ce qui fait que les peuples se sentent les uns pour les autres des attractions ou des mouvements répulsifs.

Un fait bien connu de ceux qui ont parcouru l'Amérique méridionale et l'Amérique centrale, c'est l'entraînement très-prononcé des populations de ces pays qui portent leurs sentiments d'amitié vers la France.

Et, comme conséquence de ce sentiment, on remarque la tendance bien marquée et presque exclusive qui les pousse à se rapprocher des Français plutôt que de tous autres étrangers.

Le résultat pratique, au point de vue commercial, détermine chez ces peuples une préférence décidée qu'ils accordent sur celles d'autres provenances et productions qui sortent des ateliers de l'industrie française.

Ce fait est d'autant plus remarquable qu'il s'accomplit malgré les nombreuses fraudes que les intermédiaires du commerce pratiquent avant de livrer les marchandises, ou en les livrant aux consommateurs de ces contrées (1).

Le gouvernement français, qui a les yeux ouverts sur toutes les sortes d'abus, ne manquera pas d'arrêter la funeste cause de ceux-ci. C'est en détruisant les abus et leurs causes qu'une nation conserve l'éclat dont elle jouit.

§ 18. *Possessions de la France dans la mer des Antilles.*

La France possède dans les Antilles trois colonies :
La Guadeloupe, la Martinique et Marie-Galande.

---

(1) Nous disons, en passant, qu'une mesure qui réprimerait ces actes de mauvaise foi est commandée par la loyauté qui doit régner en général dans les transactions du négoce, mais particulièrement par cette raison si juste de l'orgueil national qui fait désirer que notre commerce se fasse partout à l'étranger en suivant les règles de la probité.

Ces règles devenant obligatoires et sous peine d'une punition sévère, leur pratique rigoureuse ferait disparaître les méfiances, trop justifiées jusqu'à ce jour, qui n'ont pu cependant éteindre cette sorte de préférence bien prononcée pour les produits de notre industrie.

Si la fraude disparaissait, la prédilection dont il s'agit grandirait, car elle ne serait plus paralysée par les craintes qu'ont les acheteurs d'être trompés sur la qualité et les mesures des marchandises livrées.

Une estampille imposée au vendeur, marquant la qualité, la mesure ou le poids obligatoires pour toutes les livraisons qu'il ferait, deviendrait la garantie de l'acheteur, qui pourrait obtenir des dommages et intérêts si la livraison n'était pas conforme à l'estampille; il suffirait d'informer du fait le consul; le fraudeur serait puni en France ou à l'étranger, où sa culpabilité aurait été dénoncée par le procès-verbal de la fraude par l'entremise du consul.

Cette mesure intimiderait ceux qui auraient la pensée de filouter, et finalement notre commerce à l'étranger acquerrait le même degré de confiance dont jouissent nos fabricants, tout à fait étrangers à ces fraudes.

On sait que les tromperies commises par les intermédiaires se pratiquent par l'appât du meilleur marché offert à l'acheteur sur le prix du cours, celui-ci ignorant que ce sera au détriment de la qualité des mesures ou du poids promis qui ne seront pas observés dans la livraison.

Les moyens qui empêcheraient les fâcheux effets de l'avidité des agents secondaires dans les opérations du commerce français en Amérique peuvent être facilement pris, facilement pratiqués.

Ils concourraient, avec les forces matérielles protectrices que nous demandons permanentes en Amérique, à de puissants résultats pour la prospérité de notre commerce dans ces latitudes.

Dans l'Atlantique, à Terre-Neuve, golfe de Saint-Laurent, Saint-Pierre et Miquelon.

En terre ferme, sur la côte est de l'Amérique méridionale, la Guyane, dont Cayenne est la capitale.

Les ports de la Martinique, de la Guadeloupe et de Marie-Galande sont à peine suffisants pour abriter nos navires marchands.

A Saint-Pierre et Miquelon, ce n'est pas, à proprement parler, un port de mer, c'est tout simplement un modeste refuge pour la station temporaire de nos barques qui font la pêche de la morue.

Le seul port de Cayenne a quelque étendue ; il est commode et peut recevoir tout à la fois bon nombre de nos navires marchands et quelques bâtiments de guerre. A ces derniers viennent s'ajouter ceux trouvant accidentellement place dans les ports de la Guadeloupe, de la Martinique et de Marie-Galande.

Mais ces ports ne forment cependant tous ensemble qu'une capacité totale restant loin de pouvoir contenir assez de bâtiments de guerre présentant une force suffisante pour protéger autant qu'il faut notre marine marchande fréquentant ces parages.

Parmi les possessions de la France que nous venons de citer, il n'y en a pas une seule, croyons-nous, où l'on puisse former un établissement pour y grouper et maintenir en permanence des vaisseaux de guerre et des troupes de terre en nombre capable de faire face aux besoins qui peuvent se produire.

De chantiers de constructions navales, il n'est pas non plus possible d'en créer qui aient assez d'importance pour répondre aux nécessités de la guerre qui pourraient se rencontrer.

C'est à peine, dans l'état actuel de ces colonies, si on peut y radouber quelques navires de commerce.

Les vaisseaux de guerre, à plus forte raison, n'y trouvent que de faibles et insuffisantes ressources.

Nous n'avons donc pas actuellement, ni dans nos îles des Antilles, ni en terre ferme, et il n'est pas possible d'y trouver *une position* où nous puissions creuser un port, construire des casernes assez étendues pour y réunir les vaisseaux de guerre et les troupes de terre qui présentassent des forces capables de faire face aux éventualités dont l'avenir est gros dans ces régions.

§ 19. *Possessions coloniales de l'Angleterre dans le nouveau monde.*

L'Angleterre est placée dans une condition qui diffère essentiellement de la nôtre dans ces parages.

Elle possède aux Antilles dix colonies (1).

Dans l'Atlantique, les Bermudes, — Terre-Neuve, — les îles Falkelan, — Georges, — l'Ascension, — Sainte-Hélène, — Tristan-d'Acunha.

En terre ferme, côté est de l'Amérique méridionale, — Demerary et Belixe.

Toute la Nouvelle-Bretagne lui appartient (2).

Dans ses colonies des Antilles, dans les baies qui se trouvent sur le territoire continental américain du Nord, sur ce qui est à elle ;

L'Angleterre a déjà ou peut avoir tous les ports nécessaires à sa marine marchande et à sa marine de guerre ; elle peut, dans ses nombreuses colonies, recevoir le nombre de troupes de terre qu'elle voudra y envoyer ; elle aurait le moyen de les recevoir dans des casernes existant déjà ou qu'elle construirait.

Elle peut, en outre, obtenir, sur une grande échelle, ce qu'elle n'a maintenant qu'imparfaitement dans de petits chantiers de construction, dans des cales de radoub existant séparés.

Rien ne s'oppose, croit-on, à ce que ces établissements, divisés aujourd'hui, soient réunis, si elle le juge avantageux, sur un seul point de son territoire américain, où elle trouverait les matières premières de toute sorte propres à la construction des vaisseaux.

Les troupes de terre que l'Angleterre entretient dans sa région américaine peuvent être augmentées suivant les besoins ; elle a place pour les réunir, elle le croit du moins.

Ce n'est pas seulement au Canada, mais encore en d'autres lieux, où elle pourrait grouper, par la facilité des dispositions, des forces dix fois plus importantes en vaisseaux de guerre et troupes de terre,

Que celles qu'il serait possible à la France de rassembler par fractions dans ses possessions actuelles, qui lui refusent absolument l'espace pour y créer des ports suffisants à ses vaisseaux de guerre et les casernes pour contenir ses soldats de terre.

Les nombreuses colonies de l'Angleterre, son vaste domaine en terre ferme, présentent cependant le double inconvénient actuel de forces divisées, éparpillées.

---

(1) La *Jamaïque,—Saint-Christophe,—*la *Dominique,—Saint-Vincent,—*la *Barboude,—Sainte-Lucie,—*la *Barbade,—*la *Grenade,—Tabago—*et la *Trinité.*

(2) Elle comprend le *Labrador* sur l'Atlantique ; le *Canada* sur le golfe Saint-Laurent ;—la *Nouvelle-Galle ;—*le *Maine Oriental* sur la baie d'Hudson ;—la *Nouvelle-Ecosse* sur l'Atlantique,—et un grand nombre d'autres possessions.

La réunion n'en est pas facile, aussi bien que la défense des points mêmes où ces forces se trouvent divisées.

C'est probablement cet état des choses qui a fait naître dans l'esprit d'hommes d'Etat de la Grande-Bretagne quelque regret tardif que l'Angleterre, durant son protectorat sur les sept ou huit cents lieues de côtes du royaume des Mosquitos, n'ait pas songé à se procurer la possession de la baie de *Caratasca*, longue de douze lieues et demie et large de près de trois lieues, dont les eaux sont profondes, et accessible par les deux *passes* qui y conduisent de la mer des Antilles ; cette baie lui eût fourni, assurément, un port excellent qui peut contenir plusieurs milliers de vaisseaux.

D'ailleurs, le terrain environnant ce grand lac, où se déchargent plusieurs fleuves ou rivières, est disposé favorablement pour y construire, avec les matériaux que fournissent les lieux, des forts et des casernes propres à défendre le port et à contenir de grandes forces de terre.

Mais l'Angleterre ne vit pas, lorsqu'elle était toute puissante sur les Mosquitos, les avantages de premier ordre attachés à l'acquisition qu'elle pouvait faire alors de ce port et de cette situation unique sur la mer des Antilles.

Aujourd'hui seulement, la Grande-Bretagne, si prévoyante, d'ailleurs, ne fait qu'en comprendre actuellement toute la valeur.

§ 20. *Un admirable port de mer naturel sur la côte de la mer des Antilles permet de concentrer des forces propres à protéger le commerce français dans ces latitudes.*

Le bassin de *Caratasca* ou *Carthago* est compris dans un territoire de 691 lieues carrées d'étendue, couvert, sur plus des deux tiers de cette surface, de bois propres à la construction des vaisseaux, et offre, de plus, des mines de métaux et des plantes sextiles en abondance entrant dans leur construction et leur gréement.

Cette vaste étendue de terre a été acquise par trois Français, qui sentent que ce beau domaine ne sera utilement et bien placé que dans les mains de leur patrie, qui saura en tirer tout le parti que comporte son unique position géographique dans ces contrées, et si favorable à la protection du commerce français de la mer des Antilles et dans les deux Amériques, où il se fait sur de grandes proportions.

En effet, cette position réunit au plus haut degré toutes les conditions qui permettent d'y concentrer autant de vaisseaux de guerre, autant de troupes de terre que le gouvernement français

jugera nécessaire ou utile à la sécurité des transactions commerciales et au respect du pavillon national dans ces latitudes.

Il est bien constant que l'Amérique du Sud et l'Amérique centrale sont des pays où la France fait déjà un grand et fructueux
négoce, qui tend chaque jour à augmenter de proportion.

Un coup d'œil jeté sur la carte met à même de faire connais-
sance avec cette situation et donne tout de suite le mot des grands
et immenses avantages qu'elle réunit pour glorifier la nation qui
la possédera.

NOTA. — Tous les titres originaires sont déposés en l'étude de
Me MOCQUARD, notaire à Paris.

Paris.—Imp. de E. Brière, rue Saint-Honoré, 257.

TEXAS
LOUISIANA
N. Orléans
Mississippi
Golfe du Texas
MEERBUSEN von MEXICO
FLORIDA
Golf v Florida Golfstrom
BAHAMA INSELN
Wendekrees des Krebses
Golf v Vera Cruz
Cap Antonio
I. Pinos
CUBA
HAITI
Cayman Ins.
JAMAICA
Kingston
GROSSE ANTILLEN
Cap Yucatan
Can.
Can.
YUCATAN
HONDURAS MEER
TABASCO
CHIAPA
Brit COLON HONDURAS
Belize
Golfe de Honduras
Thomas Bellea
Bonaca
C. Honduras
Caratasca
Cabo
Cap Falso
Cap Gracias á Dios
Mosquito Kuste
CARAIBISCHES MEER
GUATEMALA
Guatemala
El Sobal
HONDURAS
San Salvador
Quila Suenna B.
Alt Providence
St Andrews
NICARAGUA
Blewfields
STILLER
L. Nicaragua
Juan Fl.
COSTA-RICA
I. de Chiriqui
VERAGUA
REPUBLIK
NEU-GRANADA
OCEAN
par R. FRESNEL.
Aut. Bastien, 4. rue des Moulins.

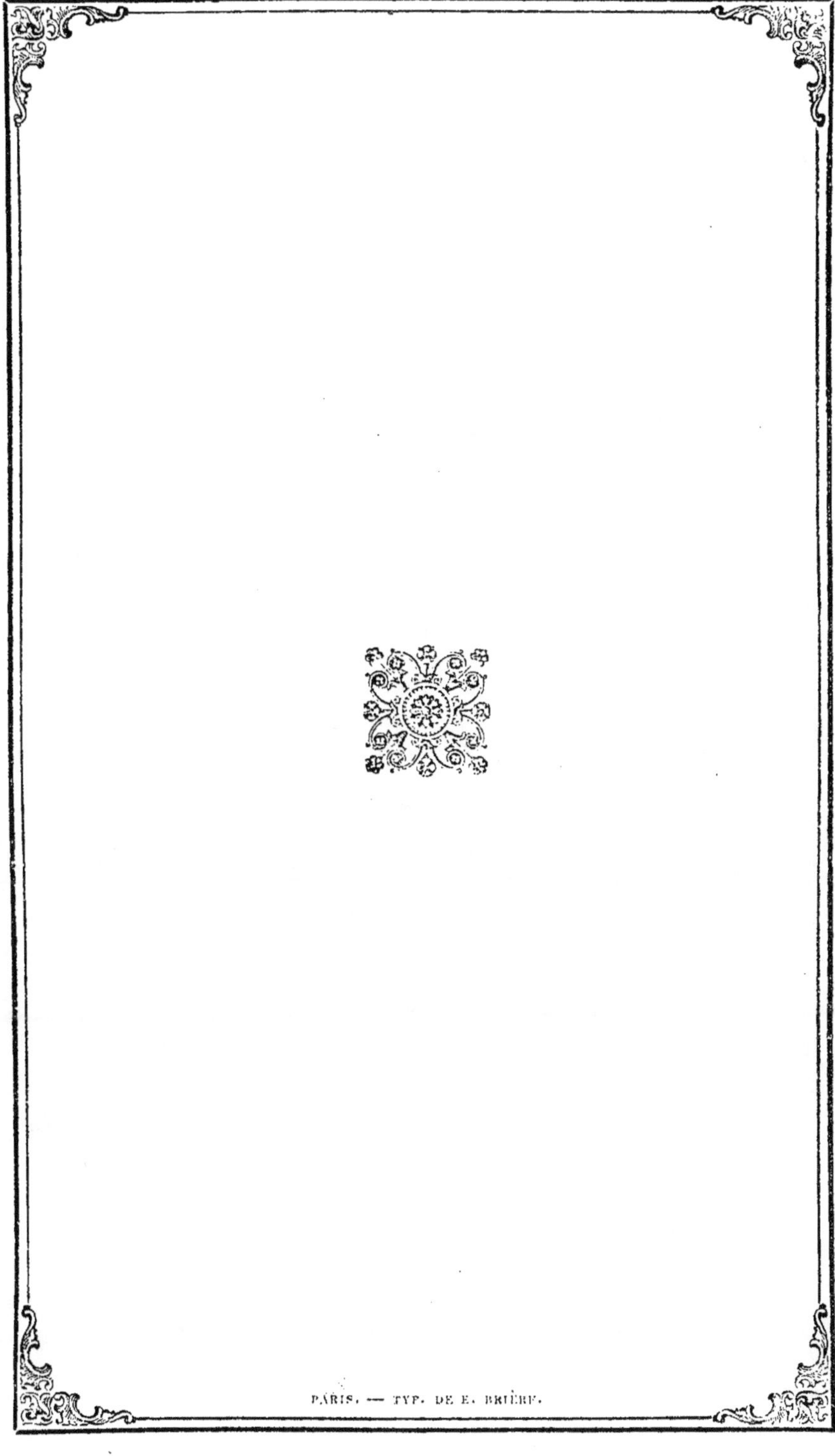

PARIS. — TYP. DE E. BRIÈRE.

9 782013 434188